DATOS

Este libro pertenece a: ....

Contacto: ....

Fecha de nacimiento: ....

Hora: .... Ciudad: ....

Signo solar

Signo lunar

Ascendente

Elemento

Fase lunar favorita: ....

LUNA MÍA

Papel certificado por el Forest Stewardship Council®

Penguin
Random House
Grupo Editorial

Primera edición: abril de 2023

© 2023, Camila Caro Arias (@Camiluna.rt), por el texto y las ilustraciones
© 2023, Penguin Random House Grupo Editorial, S. A. U.
Travessera de Gràcia, 47-49. 08021 Barcelona
Diseño e ilustración de cubierta: Camila Caro Arias (@Camiluna.rt)
para Penguin Random House Grupo Editorial

Printed in Spain – Impreso en España

ISBN: 978-84-02-42847-9
Depósito legal: B-2.896-2023

Compuesto en Grafime, S. L.
Impreso en Gómez Aparicio, S. L.
Casarrubuelos (Madrid)

BG 28479

ÍNDICE

Prólogo

Recuerdo que cuando era niña miraba la luna con asombro y escepticismo. Desde una crianza cristiana, me preguntaba cómo Dios había creado la Luna, el Sol y el universo; y cuál era el sentido de todo. La luna, tan grande, simplemente estaba flotando, ahí en el cielo, acompañándome adondequiera que fuese…

A medida que iba creciendo, escuchaba a mi abuela mencionar la luna a la hora de interpretar ciertos acontecimientos del día a día o tareas por realizar, como la subida de la marea, la fertilidad, o el momento más idóneo para sembrar o cortarse el pelo, entre otros. Con el tiempo, aprendí sobre la luna desde una perspectiva científica —todo aquello que nos enseñaban en el colegio— para luego adentrarme en su magia, y me encontré con un mundo maravilloso.

Soy cíclica como la luna:

me renuevo en cada fase

Introducción

Hola, bruji:

Si tienes este diario en tus manos es porque, al igual que yo, crees en la magia y en el poder que la luna tiene sobre nuestro cuerpo, nuestra mente y nuestro espíritu.

La Luna, hija de los titanes Hiperión y Tea en la mitología griega, es fuente de inspiración y objeto de investigaciones. Rodeada de magia y misterios, siempre está presente como nuestra compañera. Orbita alrededor de la Tierra gracias a la fuerza gravitacional, pero, más allá de eso, supone un gran símbolo en multitud de creencias y es la mayor representante del poder femenino.

Te doy la bienvenida a este diario, donde compartiré mis creencias y rituales a través del método Bullet Journal. Con este método de organización tendrás la oportunidad de conocerte, planificar tus progresos y compartirlos, teniendo en cuenta cómo la luna nos afecta e influye en nuestro día a día.

Es importante mencionar que este diario no es una verdad absoluta. Se trata de la recopilación de información, creencias y conocimientos que he ido adquiriendo en mis años como diseñadora, ilustradora y practicante de magia, así como el de otras «brujiamigas» que me han apoyado y ayudado en la práctica de la magia lunar.

Crear, creer y crecer

Preguntas de
autoconocimiento

Me describo en estas tres líneas:

....

....

....

Me siento orgullosa de:

....

Tres cosas positivas en mí:

Mis emociones predominantes:

....

....

....

Mi estación favorita:

....

Mi estación menos favorita:

....

Mi ritual diario:

....

Mi mantra o decreto predominante:

....

Mi mayor deseo:

Tres cosas que quisiera cambiar:

....

Mi mayor miedo:

....

LA LUNA

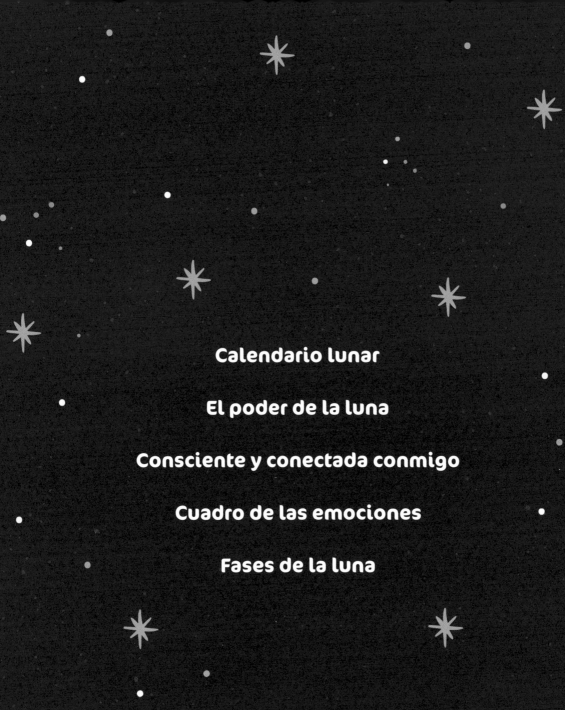

La Luna, nuestro satélite, es un cuerpo celeste que se encuentra a 384.000 ki-
lómetros de distancia de la Tierra, aproximadamente. Aunque depende de la
velocidad de la nave, la duración del viaje hasta la Luna es de unos cinco días y
medio. Mágica y misteriosa tanto de día como de noche, el origen de nuestra
compañera ha sido protagonista de diversas investigaciones y estudios.

Siempre está en movimiento, danzando con la Tierra y el Sol. Quizá a eso
se deben todos sus cambios, llamados «fases lunares». La lunación tiene una
duración aproximada de 28 días. Al año da trece vueltas alrededor de la Tierra
y, para que se cumpla el ciclo nuevamente, se le suma un día y algunas horas
más. Aunque la luna está en constante cambio, normalmente las cuatro fases
principales se conocen como **«luna nueva»**, **«luna creciente»**, **«luna llena»** y
«luna menguante». Cada una de ellas esconde un significado y un simbolismo
especial, que nos ayudan y guían en diferentes etapas de nuestra vida, las cuales
conoceremos más adelante.

La Luna ejerce una gran fuerza de atracción gravitatoria sobre la Tierra, lo que estabiliza de forma natural el eje rotacional de nuestro planeta. La Tierra, por otro lado, también atrae a la Luna: sin la fuerza de atracción terrestre, la Luna se alejaría flotando en el espacio.

Esta fuerza que ejerce la Luna sobre la Tierra hace que, a medida que el satélite orbita alrededor de nuestro planeta, su atracción funcione como un imán sobre las aguas de los océanos. Si bien su fuerza no es lo suficientemente potente como para crear enormes desastres, sí que lo es para mover las aguas, crear las mareas y todos esos cambios que podemos percibir, según la fase lunar en la que estemos y la distancia a la que se encuentren la Luna y la Tierra.

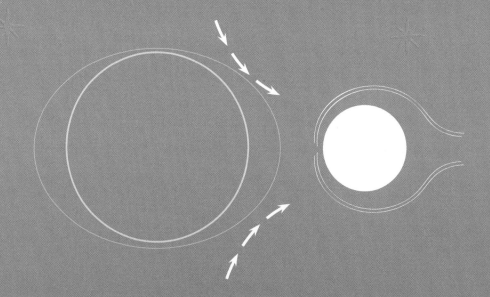

Desde las antiguas civilizaciones y culturas, la luna ha sido objeto de diferentes investigaciones y creencias. Los antiguos griegos contemplaban la luna como una trinidad sagrada: Selene (luna llena), Artemisa (creciente) y Hécate (menguante), esta última era la representante de la fertilidad y protección de la mujer. En Roma, Luna era la diosa de la luz y la magia. En la cultura maya, Ixchel era la representante de la tierra, la cosecha y la siembra, protectora de la mujer, símbolo de fertilidad y guía de parto. Estas son solo tres de las muchas representaciones que existían antiguamente sobre la luna, pero ya nos permiten hacernos a la idea de que era venerada como una GRAN DIOSA, representante de la mujer, guía y protectora.

En la actualidad, con los avances de la ciencia y el mundo, nos encontramos con un gran porcentaje de escepticismo sobre estas creencias. Sin embargo, quienes honramos nuestro linaje y la sabiduría ancestral nos consideramos parte de un mundo lleno de energía, cocreadoras de nuestra realidad. La naturaleza es una pieza fundamental para vivir en armonía y conectar con nuestro interior. A las personas que entienden el mundo de esta manera, y me incluyo entre ellas, me refiero como «personas despiertas»: aquellas que son capaces de ver más allá de lo que nos muestra la sociedad. Personas conscientes de que el mundo del cual formamos parte es un conjunto de recursos cuya pieza fundamental es la naturaleza. Y esa naturaleza incluye la Luna, el Sol y el universo entero. En definitiva, el lugar en el que habitamos y todo aquello que nos rodea.

CALENDARIO LUNAR

A diferencia del actual calendario utilizado en el mundo, que se rige según el ciclo del sol, el calendario lunar calcula los tiempos basándose en las fases lunares: cada lunación corresponde a un mes lunar, lo que en el año serían doce lunaciones. Es muy similar al calendario actual, pero corresponde a 354 días al año y un par de horas más, ya que, como hemos mencionado anteriormente, la lunación tiene una duración aproximada de 29,5 días.

Actualmente, en la mayoría de los países se utiliza de manera oficial el calendario gregoriano, que divide el año en doce meses con una duración de entre 29 y 31 días. Esto no limita la opción de utilizar el calendario lunar, ya que con la tecnología podemos encontrarlo en diferentes plataformas digitales y analógicas. Además, gracias a los estudios astrológicos y sus herramientas, es casi imposible que dicho calendario se equivoque.

El calendario lunar lo utilizan hoy en día muchos agricultores y jardineros. Gracias a esa conexión ancestral de energía femenina que une la luna con la mujer, podemos utilizarlo para realizar nuestras tareas del día a día, calcular nuestro ciclo menstrual, decidir cuándo cortarnos el pelo, aplicarlo a rituales, rutinas, hábitos y otras muchas cosas que iremos revisando fase a fase. Te dejaré mis consejos y tendrás la oportunidad de ir anotando los tuyos.

En el gráfico de la página siguiente puedes ir rellenando las diferentes fases lunares según el momento del ciclo lunar en el que te encuentres.

	ENERO	FEBRERO	MARZO	ABRIL	MAYO	JUNIO
1	○	○	○	○	○	○
2	○	○	○	○	○	○
3	○	○	○	○	○	○
4	○	○	○	○	○	○
5	○	○	○	○	○	○
6	○	○	○	○	○	○
7	○	○	○	○	○	○
8	○	○	○	○	○	○
9	○	○	○	○	○	○
10	○	○	○	○	○	○
11	○	○	○	○	○	○
12	○	○	○	○	○	○
13	○	○	○	○	○	○
14	○	○	○	○	○	○
15	○	○	○	○	○	○
16	○	○	○	○	○	○
17	○	○	○	○	○	○
18	○	○	○	○	○	○
19	○	○	○	○	○	○
20	○	○	○	○	○	○
21	○	○	○	○	○	○
22	○	○	○	○	○	○
23	○	○	○	○	○	○
24	○	○	○	○	○	○
25	○	○	○	○	○	○
26	○	○	○	○	○	○
27	○	○	○	○	○	○
28	○	○	○	○	○	○
29	○	○	○	○	○	○
30	○	○	○	○	○	○
31	○	○	○	○	○	○

JULIO

AGOSTO

SEPTIEMBRE

OCTUBRE

NOVIEMBRE

DICIEMBRE

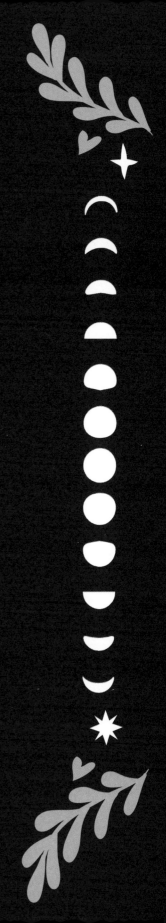

 # EL PODER **DE LA LUNA**

De todos es sabido que la Luna y su fuerza en constante interacción con la Tierra provocan cambios significativos, ya sea en los océanos, el tiempo, el clima o las estaciones. Teniendo en cuenta que el ser humano está compuesto de agua entre un 50 y un 70 %, ¿por qué no nos iba a afectar?

Somos mujeres poderosas, conscientes de que no solo pertenecemos a un cuerpo físico, sino también espiritual; un cuerpo energético que está en un proceso constante de movimiento, cambio y transformación. La energía que nos rodea es también parte de nosotras, ya que emitimos frecuencias energéticas que nos permiten conectar con otros cuerpos; del mismo modo en que la Tierra conecta con la energía de la Luna y se dan estos cambios. Por tanto, formulo nuevamente la pregunta: ¿hay forma alguna de que lo que está a nuestro alrededor, como la Luna con esa fuerza tan grande, no nos afecte en todos los ámbitos de la vida?

Ahora que sabemos que la Luna es nuestro satélite natural, el cuerpo celeste que orbita alrededor de la Tierra y que mantiene el ritmo y equilibrio, como también ocurría con las antiguas civilizaciones y culturas, podemos adentrarnos en el poder y la magia que habita en ella y en ti, y en cómo esta nos puede afectar, apoyar y guiar.

Cabe mencionar que el alcance del influjo de la luna es algo muy personal, que se materializa según nuestras creencias, nuestra cultura, nuestros conocimientos y nuestro modo de ver las cosas. Este diario está enfocado al poder de la luna, y hace referencia a cómo conectar con la luna desde una perspectiva cultural, ancestral y personal. Existen numerosos estudios científicos que se complementan y nos hacen entender muchas cosas, pero eso no significa que este enfoque tenga menos valor. Está respaldado por el testimonio de mujeres de nuestra historia: abuelas, madres y hermanas que han seguido antes que yo este camino.

Antes de comenzar a utilizar toda la magia lunar que tenemos a nuestro alcance, es importante aclarar que somos seres energéticos, como ya he mencionado antes. Y, en nuestro interior, todos contamos tanto con energía masculina (representada por el sol) como femenina (representada por la luna). El universo se rige por dos fuerzas en constante atracción que mantienen el equilibrio. En física se conoce como «campo magnético» (nodo negativo, nodo positivo), y en el taoísmo, como el yin y el yang. Estas dos energías opuestas viven en constante atracción y en busca de armonía.

> **Si quieres encontrar los secretos del universo, piensa en términos de energía, frecuencia y vibración.**
> Nikola Tesla

Cuando me refiero a energía masculina y femenina, no hablo del género. Todas las personas contamos con estas dos energías: puede ser que estén equilibradas o que una de las dos esté mucho más desarrollada que la otra. Estas energías cumplen la función de mantenernos conectadas con nosotras mismas y comunicarnos con el otro ser.

La energía masculina (el sol) simboliza nuestra identidad y nuestra estructura. Trabajamos nuestra parte racional en el momento de actuar y tomar decisiones. También la conocemos como nuestra energía externa: cómo nos mostramos al mundo en el momento de hacer, crear y encaminarnos al éxito. Este arquetipo está enfocado en la lógica y nos invita a tener los objetivos claros. Por otro lado, tenemos nuestra energía femenina (la luna), y en ella nos centraremos de ahora en adelante en este diario.

La energía femenina nos conecta con nosotras mismas desde una perspectiva más amorosa: nuestra vida espiritual, la intuición, la gestación, la creación… Habla de nuestros deseos más profundos, nos invita a trabajar en nuestro ser desde el amor y la compasión. Esta energía representa nuestras emociones, el hecho de que no queramos pasar una vida solo haciendo, sino sintiendo. Uno de los temas que más me gustaría abordar en este diario es el del poder de la energía lunar desde un ámbito personal, desde el autoconocimiento y el cuidado individual. Podemos lograr todas nuestras metas desde este poder espiritual enfocado en nosotras mismas, dejando claro que, como la luna, somos cíclicas y cambiantes, pero que cada proceso es fundamental para nuestro desarrollo, para hacernos mejores y validarnos como mujeres.

La energía lunar influye en muchos aspectos de nuestra vida: es como una danza sin coreografía que fluye a medida que la melodía avanza, desde nuestras emociones hasta nuestras acciones. Somos seres en expansión. Estamos listas para disfrutar. Como dice siempre una gran amiga: «Somos seres espirituales que viven experiencias terrenales».

La conexión con todo aquello que nos rodea es completamente personal, estamos conectadas con la naturaleza, con los animales y demás seres, con los astros y con la tierra.

Eres consciente de tu conexión: ¿cuál es tu perspectiva?, ¿te sientes conectada con la luna?

Para mí es fundamental que antes de comenzar este diario lunar tengas claro tu conocimiento personal de la luna, hasta qué punto eres consciente de su energía, cuál es el enfoque que le das y cómo se conecta contigo.

Cómo es mi visión de la luna:

....

....

....

....

....

....

Cómo influye la luna en mí:

....

....

....

....

....

....

La luna tiene el poder de potenciar nuestra energía interna de una forma asombrosa y la capacidad de hacernos conectar con nosotras mismas, de aceptarnos, de cuidarnos y, sobre todo, de conocernos. Nos ayuda a conectar con nuestro lado espiritual y, a través de decretos y afirmaciones, a potenciar nuestra vida y lograr metas claras. Es importante que seas consciente de que todo es un proceso: tanto lo bueno como lo malo es parte de nuestra vida. Lo primero que haremos será conectar a través de una carta, dedicarnos unas palabras de cómo nos sentimos en este momento, cómo nos percibimos y qué nos gustaría lograr.

Carta para mi presente:

CUADRO
DE LAS EMOCIONES

Las emociones rigen nuestro diario. ¡Hay días que despertamos con ganas de comernos el mundo! Y otros días en los que realmente preferiríamos no existir. Tranquila, no pasa nada. Es importante tener claro que debemos validar todos nuestros sentimientos: lo importante es detectar qué los causa y cómo podemos sobrellevarlos.

¿La luna afecta a nuestras emociones? Claro que sí. La luna nos entrega toda su energía y, según sus fases, tiene un gran poder sobre nosotras. Y no debemos olvidar tampoco la temporada zodiacal en que nos encontremos. ¿Cómo aprovechar la energía lunar y utilizarla para nuestras emociones? Cada fase lunar tiene una energía especial, y el uso que le demos depende de nosotras: podemos potenciar aquellas emociones que queremos que florezcan o eliminar otras, como la negatividad, el enojo y la tristeza.

Para ello, haremos un recuadro de las emociones con el fin de conocerlas, llevar un registro y ser capaces de percibir sus cambios.

Para identificar tus emociones, debes elegir un color por cada una de ellas, para luego ir completando el cuadro y llevar un registro. No olvides que son muchas las emociones que forman parte de ti; te dejo unos ejemplos para que los integres en tu cuadro.

Alegría, felicidad, tristeza, enojo, asco, amor,
miedo, ira, rabia, sorpresa, ansiedad.

Cuadro de las emociones:

○ ....
○ ....
○ ....
○ ....
○ ....
○ ....

En el gráfico de la página siguiente puedes escribir tus emociones y elegir un color para cada una. Así podrás identificarlas y pintar cada día según la emoción.

CUADRO DE LAS **EMOCIONES**

	ENERO	FEBRERO	MARZO	ABRIL	MAYO	JUNIO
1	◯	◯	◯	◯	◯	◯
2	◯	◯	◯	◯	◯	◯
3	◯	◯	◯	◯	◯	◯
4	◯	◯	◯	◯	◯	◯
5	◯	◯	◯	◯	◯	◯
6	◯	◯	◯	◯	◯	◯
7	◯	◯	◯	◯	◯	◯
8	◯	◯	◯	◯	◯	◯
9	◯	◯	◯	◯	◯	◯
10	◯	◯	◯	◯	◯	◯
11	◯	◯	◯	◯	◯	◯
12	◯	◯	◯	◯	◯	◯
13	◯	◯	◯	◯	◯	◯
14	◯	◯	◯	◯	◯	◯
15	◯	◯	◯	◯	◯	◯
16	◯	◯	◯	◯	◯	◯
17	◯	◯	◯	◯	◯	◯
18	◯	◯	◯	◯	◯	◯
19	◯	◯	◯	◯	◯	◯
20	◯	◯	◯	◯	◯	◯
21	◯	◯	◯	◯	◯	◯
22	◯	◯	◯	◯	◯	◯
23	◯	◯	◯	◯	◯	◯
24	◯	◯	◯	◯	◯	◯
25	◯	◯	◯	◯	◯	◯
26	◯	◯	◯	◯	◯	◯
27	◯	◯	◯	◯	◯	◯
28	◯	◯	◯	◯	◯	◯
29	◯	◯	◯	◯	◯	◯
30	◯	◯	◯	◯	◯	◯
31	◯	◯	◯	◯	◯	◯

JULIO

AGOSTO

SEPTIEMBRE

OCTUBRE

NOVIEMBRE

DICIEMBRE

FASES DE **LA LUNA**

La luna, señora de nuestras noches y guía de nuestros caminos, siempre nos parece deslumbrante. Sin embargo, no cuenta con luz propia, sino que los dos principales causantes de esa luz son la Tierra y el Sol.

A medida que la Luna gira alrededor de la Tierra y refleja la luz del Sol, podemos percibir las diferentes fases lunares. Como he mencionado anteriormente, el ciclo lunar tiene una duración aproximada de 29 días y cada fase lunar dura alrededor de una semana.

Las antiguas civilizaciones utilizaron la lunación para guiar y medir el tiempo. Desde ahí se comenzaron a crear los primeros calendarios.

Es muy importante señalar que el porcentaje de luz en la luna cambia día a día. En este libro contemplaremos el poder de la luna en sus cuatro fases principales: luna nueva, luna creciente, luna llena y luna menguante. Te dejo un gráfico para que puedas fijarte mejor en la forma que tiene la luna en cada fase.

La luna tiene el poder de crecer, cambiar y transformarse hasta cumplir su ciclo, al igual que nosotras desde que nacemos. Nuestra diosa camina junto a nosotras de forma sutil, y a través de su lunación tiene la capacidad de entregarnos diferentes herramientas.

> Y así como la luna, vamos en transformación,
> pasamos por una fase de vacío
> para volver a sentirnos llenas.

En cada fase identificaremos aspectos importantes para potenciar y aprovechar toda la energía lunar. Además, en este Bullet Journal tendrás la oportunidad de ir registrando tus propios rituales, metas, objetivos, hábitos, etc. De ese modo podrás crear tu propio cuaderno de bitácora de la luna, que te puede resultar útil en tus próximos proyectos.

LUNA NUEVA

LUNA CRECIENTE

CUARTO CRECIENTE

LUNA CRECIENTE GIBOSA

LUNA LLENA

LUNA MENGUANTE
GIBOSA

CUARTO MENGUANTE

LUNA MENGUANTE

LUNA **NUEVA**

NUEVOS COMIENZOS
VOLVER A EMPEZAR
MANIFESTAR

Emociones

Hábitos

Rituales de luna nueva

Novilunio · luna nueva

También llamada luna negra o luna oscura, esta fase tiene lugar cuando la Luna, la Tierra y el Sol se alinean formando un ángulo de 180°: el lado iluminado de la Luna queda orientado al Sol, por lo que nosotros no podemos verlo y entramos en la oscuridad para recibir un nuevo ciclo lunar. Esta posición entre la Luna, la Tierra y el Sol es la que también nos permite ver eclipses.

La luna nueva llega a su ciclo inicial y comienza su cambio y transformación: nos alineamos junto a ella para comenzar nuestro camino, para renovarnos, hacer, crear y conectar con nosotras. Es el momento de prepararnos para lo que está por venir, de abrirnos a nuevas posibilidades.

La luna nueva es perfecta para afirmar y decretar nuestras nuevas metas, proyectos y hábitos.

Cada luna nueva me permito
sentir mis anhelos profundos. La oscuridad
nos lleva a un momento de introspección,
para sentir e identificar lo que de verdad
queremos y necesitamos.

Para comenzar a potenciar esta luna nueva, nos centraremos en cada ámbito importante desde la renovación y los nuevos comienzos; es una maravillosa oportunidad para comenzar, para abrirnos a los caminos desde el amor y nuestra energía interior.

EMOCIONES

La luna nueva nos trae momentos de introspección, nos aporta una energía que hace que nos sintamos reflexivas y más tranquilas. Es un momento perfecto para escribir y desahogar todos esos pensamientos e ideas que dan vueltas en nuestra mente y esperan para salir.

Vamos a potenciar todas aquellas emociones positivas que queremos que fluyan con estos nuevos comienzos, e intentaremos dejar atrás las emociones más oscuras.

Para ello, haremos un recuadro de las emociones y los conceptos que necesitamos potenciar en esta fase.

En una noche de luna nueva, te recomiendo que tomes alguna de estas palabras y te enfoques en ella, al tiempo que lo haces también en la energía lunar, hasta que llegues a sentir que ambas (palabra y energía) son parte de ti.

Alegría

Felicidad

Positivismo

Inspiración

Esperanza

Fe

Orgullo

Emociones que quiero potenciar:

....
....
....
....
....
....
....
....
....
....
....

Decretos y afirmaciones para potenciar la energía de la luna nueva en tus emociones:

Recibo · Soy · Estoy

- Con felicidad y gozo recibo la energía de la luna nueva.
- Soy feliz con las nuevas posibilidades que me entrega el universo.
- Tengo todo lo que necesito para ser feliz.
- Dejo ir todo lo que no puedo controlar, y hago lo mejor con lo que tengo.
- Decreto paz en mi mente y corazón, recibo esta energía de la luna nueva que me llena de nuevas oportunidades.

Mis propios decretos y afirmaciones:

....
....
....
....
....
....
....
....
....
....
....
....
....
....
....
....
....
....
....
....
....
....
....
....

HÁBITOS

Esta energía poderosa es especial para los nuevos comienzos. Sí, ya hablaremos de los proyectos y el trabajo, pero también es fundamental enfocarse en el autocuidado y el amor propio. La luna nueva nos invita a crear nuevos hábitos positivos para nuestra vida. Si ya hace mucho tiempo que querías poner en marcha algunos de esos hábitos, ¡este es el momento perfecto!

Algunos de los nuevos hábitos que puedes comenzar son:

Mejorar la alimentación

Beber más agua

Hacer ejercicio

Aprender un nuevo deporte

Nuevos hábitos:

....
....
....
....
....
....
....
....
....
....
....
....
....
....
....
....
....
....
....
....
....
....
....
....
....
....

RITUALES DE LUNA NUEVA

Nos enfocamos y ponemos en marcha: es el momento de dejar fluir todas aquellas ideas nuevas, llevar a cabo nuestros proyectos y comenzar otra vez. No olvides que vamos paso a paso. Ciertas cosas tardan algunas lunaciones en concretarse, pero, si nos centramos, tarde o temprano se harán realidad.

ESCRIBIR

Escribe una lista de metas y sueños. Enciende una vela y repítelos en voz alta.

Metas y sueños:

CHEQUE DE LA ABUNDANCIA

Los nuevos caminos te traen abundancia; al final de este libro encontrarás cheques de la fortuna para que en la luna nueva puedas atraer toda esa abundancia y prosperidad que el universo te tiene reservada.

CITA

Lo más importante es estar bien con nosotras mismas. Lo que llevamos en nuestro interior es lo que el universo nos concede, así que aprovecharemos todo este poder lunar para conectar con nosotras.

Te recomiendo que tengas una cita contigo misma: buscar un lugar cómodo, leer, mimarte, darte un masaje, tomar un baño de luna o comer algo que te guste son buenas ideas para recibir de forma positiva, en gratitud contigo y con la vida.

Si crees que hay energía negativa a tu alrededor durante esta fase lunar, te recomiendo protección de la forma que estimes conveniente: piedras, sal, amuletos… Lo importante es que esa negatividad no llegue a ti en el momento de iniciar cosas nuevas.

Mis rituales de luna nueva:

....

....

....

....

MATERIALES

....

....

....

....

MATERIALES

....

....

....

....

MATERIALES

....

....

....

....

....

....

....

....

....

....

....

....

....

Check list:

- ....
- ....
- ....
- ....

- ....
- ....
- ....
- ....

Mis experiencias de luna nueva:

....
....
....
....
....
....
....
....
....
....
....
....
....
....
....
....
....
....
....
....
....
....
....
....
....
....

Mis aprendizajes de luna nueva:

....
....
....
....
....
....
....
....
....
....
....
....
....
....
....
....
....
....
....
....
....
....
....
....
....
....

El sol te hará ver tu cuerpo,
la luna te hará ver tu alma

LUNA **CRECIENTE**

INTENCIONAR
METAS
SEGUIMOS EN MARCHA

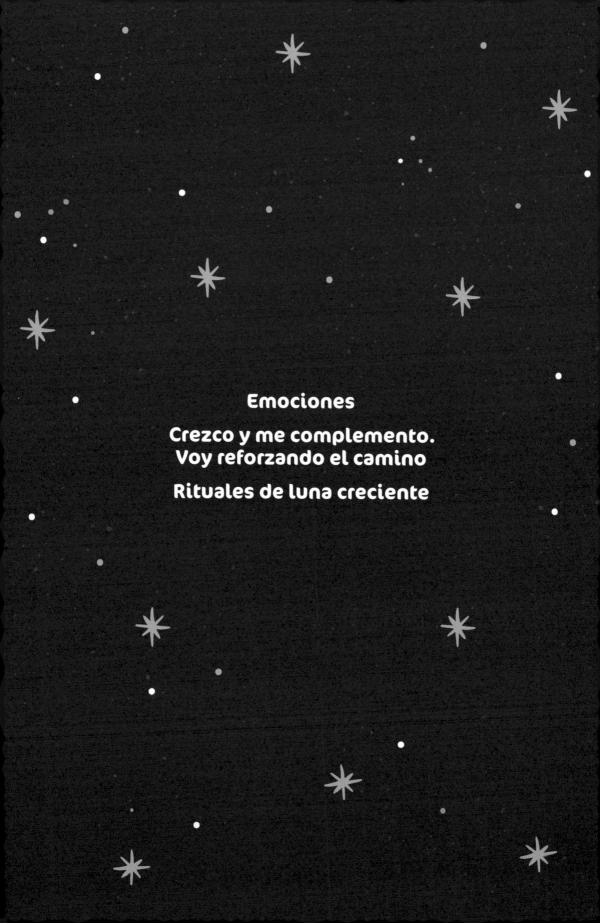

Emociones

Crezco y me complemento.
Voy reforzando el camino

Rituales de luna creciente

Luna **creciente**

Conocemos como luna creciente esta luna hermosa que va creciendo más y más y aumentando su luminosidad.

Esta hermosa luna nos invita a comprometernos con todos aquellos objetivos e intenciones que en algún momento nos propusimos. Si en este momento se nos presentan dificultades para seguir adelante, las cosas no van como queríamos o simplemente sentimos que no podemos con todo, esta lunación te da la vitalidad para generar nuevas formas. Las aprovecharemos al máximo para ir directas al éxito.

Con cada luna creciente reafirmo todos mis objetivos;
si no van por buen camino, me reinvento y busco
alternativas para llegar a la meta. Aprovecho esta
energía para potenciar todo aquello que ya se está
realizando, y atraigo todo aquello que considero
necesario para seguir mi camino.

En esta lunación nuestro enfoque será la atracción y organización de todo aquello hacia lo que ya estamos encaminadas. Es el momento de seguir creciendo, de expandirnos y potenciar todas aquellas metas que nos propusimos en luna nueva.

Voy por buen camino,
la luna es mi guía.

EMOCIONES

La energía de la luna creciente trae consigo todas aquellas emociones positivas. Estamos concretando y avanzando, nuestras emociones se iluminan y vemos el lado positivo de la vida. Es el momento de beneficiarnos y ser más activas.

Es muy importante aprovechar esta energía, ya que, si nuestra mente está en equilibrio, somos capaces de ordenar nuestros pensamientos y, por tanto, nuestra vida.

En el siguiente recuadro escribiremos todas aquellas emociones que queremos seguir potenciando. Queremos que con esta luna sigan creciendo dentro de nosotras.

Gratitud

Bondad

Felicidad

Esperanza

Fe

Emociones que quiero engrandecer:

....
....
....
....
....
....
....
....
....
....
....

Decretos y afirmaciones para potenciar la energía de la luna creciente en tus emociones:

Soy abundancia · Poseo · Gracias

- Valido todas mis emociones, crezco cada día más de forma positiva.
- Gracias, universo, por darme una vida feliz.
- Cada día me siento mucho mejor conmigo misma.
- En mi vida abunda la alegría.
- Mi presente es ....
- Yo soy ....

Decretos y afirmaciones para mis emociones:

CREZCO Y ME COMPLEMENTO.
VOY REFORZANDO EL CAMINO

La luna creciente nos permite potenciar. El camino se ilumina poco a poco y esta luna nos permite estimular toda la energía que llevamos trabajando desde luna nueva.

Es momento de reinventar, de seguir concretando y de dar un paso más para cumplir todos nuestros propósitos. Vamos a decretar todos aquellos cambios de forma positiva.

Como en cada lunación, es recomendable que ambientes tu espacio.

Vamos a levantarnos y agradecer la fortuna de un nuevo día y de que todo vaya encontrando su lugar.

Gracias, universo, por un día más de vida;
gracias por cada oportunidad de aprendizaje
y crecimiento. Me levanto con toda esta energía
para potenciar mi desarrollo personal y laboral,
y todos los hábitos de mi vida.

CONCRETAR

Es un buen momento para concretar todo aquello en lo que llevamos tiempo pensando. Es un buen momento para firmar contratos, hacer negocios, cumplir compromisos, realizar un viaje e incluso casarse.

Metas:

....
....
....
....
....
....
....
....
....
....
....
....
....
....
....
....
....
....
....
....
....
....
....
....
....

RITUALES DE
LUNA CRECIENTE

Seguimos nuestro camino, nos reinventamos, somos capaces de superar cualquier obstáculo que no nos deje avanzar. La luna ilumina nuestro camino y nos da una nueva oportunidad de lograrlo todo.

ORDENAR Y REORGANIZAR

A través de la escritura ordenaremos todas nuestras ideas, reorganizaremos nuestros proyectos y buscaremos nuevas soluciones para aquellos que van más lentos o se han estancado.

Check list:

HOJAS DE LAUREL

El laurel es una planta sagrada que simboliza la abundancia, la protección, el éxito y la fortaleza. Este ritual consiste en escribir en hojas de laurel todo aquello que queremos atraer en nuestra vida y luego quemarlas.

Mis rituales de luna creciente:

.... MATERIALES
....
....
....

.... MATERIALES
....
....
....

.... MATERIALES
....
....
....

....
....
....
....
....
....
....
....
....
....
....
....
....

Check list:

- ....
- ....
- ....
- ....

- ....
- ....
- ....
- ....

Mis experiencias de luna creciente:

....
....
....
....
....
....
....
....
....
....
....
....
....
....
....
....
....
....
....
....
....
....
....
....
....
....
....
....

Mis aprendizajes de luna creciente:

Aquellas que creen
en la magia están
destinadas a encontrarla

LUNA **LLENA**

RECIBO LA LUZ
ES MOMENTO DE CELEBRAR
SIGAMOS NUESTRO CAMINO

Emociones

Metas

Rituales de luna llena

Plenilunio · Luna llena

Plenilunio, del latín *plenilunium,* que significa «luna llena/plena». Sucede cuando nuestro planeta se encuentra situado entre la Luna y el Sol. En esta fase, la luminosidad es del 100 %.

La luna llena es una de las fases más poderosas de todo el ciclo lunar, y nos invita a brillar tanto como ella. A pesar de tener más claridad, esta luna nos hace más impulsivas: es más probable que las emociones nos desborden y que tengamos dificultades para conciliar el sueño. Es importante buscar la forma de potenciar esta vitalidad y aprovechar, de forma positiva para nuestra vida, esta fuerza que se nos presenta.

> Cada luna llena me dirijo a ella con la intención de soltar todo lo que no me deja avanzar (como miedos, vínculos o situaciones) para luego recargarme de energía y aprovechar todas esas vibraciones para iluminarme.

En luna llena es recomendable comenzar a eliminar hábitos negativos que no nos dejan avanzar y enfocarnos en lo que está por venir. Relájate, nos propondremos objetivos más adelante. Si no los puedes llevar a cabo ahora, ya habrá una nueva oportunidad. Es el momento perfecto para reflexionar sobre todo aquello que realizamos a diario. Es momento de agradecer y bendecir. Bailemos bajo la luz de esta hermosa luna y cumplamos todos nuestros sueños. Hemos recorrido todo un camino lleno de transformaciones, oscuridad y vacíos, y ahora, nuevamente, nos sentimos completas.

Nuestro enfoque de luna llena es eliminar los aspectos negativos e impulsar todo aquello que nos hace bien. Es el momento de celebrar la vida e iluminar nuestra alma. Somos capaces de mantener el control, de ser y sentir.

EMOCIONES

Esta fase nos presenta toda la luz y energía de la luna. Nos sentimos más cerca de ella y, por tanto, su energía es mucho más poderosa. Para esta lunación es probable que nuestras emociones se desborden y vivamos con mucha más intensidad que el resto del ciclo lunar. Es importante que controlemos nuestras emociones y utilicemos todo su poder en nuestro beneficio para así atraer todo lo que nos proponemos. No debemos decaer, pues estamos logrando todas nuestras metas, pero también debemos ver con claridad aquellos aspectos negativos que no le aportan nada beneficioso a nuestra mente y nuestra alma.

Celebro la luz

Elimino lo negativo

Sigo mi camino

Emociones y pensamientos negativos que dejo ir:

....
....
....
....
....
....
....
....
....
....
....
....

Decretos y afirmaciones para potenciar la energía de la luna llena en tus emociones:

Soy • Dejo ir • Para recibir

- Elimino de mi vida todo aquel pensamiento que me hace dudar de mi poder.

- Soy poderosa, valiosa, luminosa, un aspecto malo en mi vida no define quien soy ni quien seré.

- Elimino el pensamiento .... que no aporta nada en mi vida.

- Soy luz, recibo el poder de la luna llena, dejo ir todo lo que no me hace bien, y me recargo de energía positiva.

Mis propios decretos
y afirmaciones de luna llena:

....
....
....
....
....
....
....
....
....
....
....
....
....
....
....
....
....
....
....
....
....
....
....
....

METAS

La luna llena es la más poderosa de todo el ciclo. En esta fase, la podemos ver brillar en todo su esplendor. Por eso mismo, los rituales que llevemos a cabo durante esta luna los enfocaremos, sobre todo, a sacar el máximo partido de nosotras mismas, celebrando nuestros éxitos y abrazando, como ella, nuestro máximo esplendor.

En esta fase las emociones serán intensas. Canaliza toda la energía de la luna para celebrar y agradecer. Es el momento de recoger los frutos de nuestra cosecha. Si te sientes animada, aprovecha para sociabilizar y disfrutar con quienes te rodean; baila; haz ejercicio… Si, por el contrario, sientes que todo va demasiado rápido y necesitas algo de calma, medita para aclarar tus ideas. Es el momento perfecto para reflexionar sobre lo que ya no nos hace bien.

Rituales de manifestación para la luna llena:

Toma un baño de luna

Prepara agua de luna

Medita a la luz de la luna

Recarga tus cristales

Como ya has podido observar a lo largo de este diario, la escritura es terapéutica. Te propongo meditar sobre las cosas que quieres dejar atrás (ya sean personas tóxicas, comportamientos, situaciones, hábitos…). Chequea cómo te sientes. Revisa qué cosas de tu vida están bien y cuáles cambiarías. Descubre qué se alinea con tu energía, y qué ya no lo hace. Y, a partir de ahí, establece objetivos, manifiesta tus deseos y formula afirmaciones. ¡Es el momento de brillar como la luna!

Deseos y objetivos por cumplir:

....
....
....
....
....
....
....
....
....
....
....
....
....
....
....
....
....
....

RITUALES DE LUNA LLENA

DIARIO DE SUEÑOS

Te recomiendo escribir tus sueños de esta lunación, tal vez haya un mensaje para ti. La luna llena ilumina nuestro camino y nos deja ver con mayor claridad.

Si tienes tu propio «libro de las sombras», puedes dejar un apartado especial para esta fase.

Mis sueños:

DEJO IR

En una hoja de papel escribiremos todos aquellos malos hábitos o comportamientos propios que no nos gustan y que ha llegado el momento de erradicar.
Nos daremos un momento para identificarlos en nuestro interior, analizarlos
y sentirlos. Luego quemaremos el papel, y en ese momento iremos sintiendo
cómo se desprenden. Los dejamos ir y damos espacio a nuevas oportunidades,
nos recargamos de energía, agradecemos lo que fue y lo que vendrá.

Realizaremos una lista de las cosas con las que nos sentimos agradecidas en
este momento y la conservaremos.

BAÑO DE LUNA

Estamos en una fase de recarga
energética. La luna llena nos
revitaliza, nos purifica y,
además, nos entrega su
energía. Con incienso o
humo aromático limpia-
remos nuestro espacio y
nos sumergiremos en
sal de mar. Nos desin-
toxicamos para luego
visualizar todo lo bueno
que se está formando
y que no tardará en llegar.

Mis rituales de luna llena:

....

....

....

....

MATERIALES

....

....

....

....

MATERIALES

....

....

....

....

MATERIALES

....

....

....

....

....

....

....

....

....

....

....

....

Check list:

- ....
- ....
- ....
- ....

- ....
- ....
- ....
- ....

Mis experiencias de luna llena:

....
....
....
....
....
....
....
....
....
....
....
....
....
....
....
....
....
....
....
....
....
....
....
....
....

Mis aprendizajes de luna llena:

....
....
....
....
....
....
....
....
....
....
....
....
....
....
....
....
....
....
....
....
....
....
....
....
....
....

Eres magia en
un mundo ordinario

LUNA **MENGUANTE**

DESCANSO
RECUPERACIÓN
DEJAR IR

Emociones

Hábitos

Rituales de luna menguante

LUNA **MENGUANTE**

La luna menguante se nos presenta cuando la luna disminuye su luminosidad. Corresponde a una de las últimas fases del ciclo lunar; en este momento vamos cerrando la lunación y le damos paso al nuevo periodo que se acerca.

Es el momento del cierre y de tomar decisiones, de ver las cosas desde una nueva perspectiva antes de renovarnos. Es un tiempo de aprendizaje. Nos liberamos de todas aquellas cargas y aspectos negativos en nuestra vida.

Dejo ir todo aquello que no aporta nada en mi vida, me libero de toda negatividad y de cualquier hábito malo para mi salud y mi desarrollo personal.

En este momento de culminación, nuestro enfoque debe consistir en cerrar ciclos. Pasaremos a la acción y nos liberaremos de todos esos vínculos que no nos permiten ser ni continuar. Renunciaremos a aquello que no nos aporta nada y, sobre todo, eliminaremos los malos hábitos que hemos adquirido. Tomaremos decisiones.

EMOCIONES

La luna menguante nos presenta momentos de introspección. Es vital para ti sentir todas tus emociones y controlarlas para tomar decisiones en tu vida. En esta luna, somos más propensas a la frustración, a ponernos a la defensiva ante todo aquello que no aceptamos.

Es momento de reflexionar y bajar el ritmo y, sobre todo, de tener calma para tomar las decisiones correctas. Es tiempo de sanar y perdonar.

Amor propio

Autoconocimiento

Validar mis emociones

Consciente de cuándo debo cambiarlas

Emociones y sentimientos a trabajar:

....
....
....
....
....
....
....
....
....
....
....
....

Decretos y afirmaciones para potenciar la energía de la luna menguante en tus emociones:

Dejo ir • Suelto • Elimino

1. Hoy suelto todo aquello que no me hace bien.

2. Confío plenamente en mis tiempos sagrados.

3. Dejo ir todo aquello que puede dañarme.

Mis propios decretos y afirmaciones de luna menguante:

....

....

....

....

....

....

....

....

....

....

....

....

....

....

....

....

....

....

....

....

....

....

....

....

....

....

....

....

HÁBITOS

El cuarto menguante es el momento perfecto para deshacernos de las cosas que no son importantes. Todo aquello que creemos que debe desaparecer, lo cortaremos de raíz en esta fase. Es el momento perfecto para abandonar malos hábitos o finalizar proyectos.

Si sientes esa energía que te invita a quitarte pesos de encima, no dudes en aprovecharla para encarar los problemas y hacer frente a la realidad. Aprovecha para iniciar aquello que llevas tanto tiempo posponiendo, no evadas responsabilidades, comienza aquella conversación que hace mucho lleva dando vueltas por tu mente. No dejes para mañana lo que puedas hacer hoy.

Rituales para la luna menguante:

Limpia tu casa

Deja ir

Purifica y limpia tu piel

Libérate de juicios, negatividad y resentimientos

La luna menguante nos invita a bajar el ritmo, a revisarnos y a hacer espacio para el nuevo ciclo. Es el momento de decidir qué debemos volver a sembrar en esta nueva etapa. Y, como no puede haber mente despejada en un espacio desordenado, te propongo aprovechar la energía de la luna menguante para limpiar tu hogar. Mi consejo es que te liberes de cualquier cosa que te pese o no te haga bien. Regala o dona ropa que no hayas usado en el último año, por ejemplo. Aquí tienes espacio para anotar las ideas.

Cosas de las que deshacerme:

....
....
....
....
....
....
....
....
....
....
....
....
....
....
....
....
....
....

RITUALES DE
LUNA MENGUANTE

Es la ocasión propicia para soltar, dejar ir, aprender y reflexionar. Se acerca la oportunidad de comenzar nuevamente, así que preparémonos.

ESCRITURA

Es momento de tener calma y comenzar a soltar todo aquello que llevamos en nuestro interior. Te animo a escribir una carta de desahogo: sacaremos todas aquellas emociones internas para tener un poco de claridad antes de tomar decisiones.

Carta de desahogo:

ADIÓS A LOS PENSAMIENTOS LIMITANTES

En esta ocasión transformaremos todos aquellos sentimientos y pensamientos negativos que estamos cargando y que nos mantienen estancadas, y les daremos una visión positiva.

Ejemplo: No tengo trabajo → Soy bendecida en el trabajo y cada día es una oportunidad.

....
....
....
....
....
....
....
....
....
....
....

BAÑO DE DESCARGA

Agregaremos al agua de nuestra bañera sal gruesa de mar, albahaca, ruda y romero. Estas tres plantas sagradas te ayudan en la limpieza, alejan la negatividad y atraen lo positivo. Sumérgete en el agua hasta el cuello y tómate un momento para meditar.

Si no dispones de bañera, te recomiendo que prepares una infusión con las plantas que he mencionado antes, y que después de la ducha te la apliques por todo el cuerpo. Al secarte, intenta hacerlo con pequeños toques.

Mis rituales de luna menguante:

....

.... | MATERIALES

....

....

.... | MATERIALES

....

....

....

.... | MATERIALES

....

....

....

....

....

....

....

....

....

....

....

....

....

....

....

Check list:

• ....   • ....

• ....   • ....

• ....   • ....

• ....   • ....

Mis experiencias de luna menguante:

....

....

....

....

....

....

....

....

....

....

....

....

....

....

....

....

....

....

....

....

....

....

....

....

....

....

Mis aprendizajes de luna menguante:

....
....
....
....
....
....
....
....
....
....
....
....
....
....
....
....
....
....
....
....
....
....
....
....
....
....
....

GRATITUD
ES LA ♥
ACTITUD

RITUALES
INDISPENSABLES

Rituales
indispensables

Te comparto los rituales que realizo en cada fase lunar con sus diferentes intenciones.

LIMPIAR TUS ESPACIOS

Cada inicio de año, mes o semana, pero también antes de trabajar y, sobre todo, antes de cada ritual, debemos tener nuestras energías limpias. Un ritual que muchas veces realizamos, pero en el que normalmente no reparamos, es limpiar nuestros espacios, mover las energías, cambiar de lugar objetos, muebles, etc.

Para realizar también una limpieza energética, te recomiendo aromatizar el espacio, por ejemplo, encendiendo incienso o velas.

MEDITAR

En cada fase lunar es necesario tomarse un tiempo de meditación antes de empezar un ritual. De ese modo, tendremos clara la intención de lo que queremos cortar, dejar ir, pedir o agradecer.

CRISTALES

La energía lunar es especial para tus cristales. Te invito a dejarlos en el exterior o donde les llegue la luz de la luna.

LUNA NUEVA   Descarga y limpieza

LUNA CRECIENTE   Intención de apoyar objetivos

LUNA LLENA   Recarga

LUNA MENGUANTE   Intención de afrontar situaciones

AGUA LUNAR

Llena un frasco de cristal de agua potable y después cárgalo a la luz de la luna para darle el uso que consideres conveniente. Retíralo a primera hora de la mañana. (No olvides expresar intención).

LUNA NUEVA   Limpieza energética

LUNA CRECIENTE   Atracción y buenos deseos

LUNA LLENA   Fuerza y energía

LUNA MENGUANTE   Liberación

La luna me enseñó
que debo brillar
incluso cuando estoy lejos
de sentirme llena

Cami
Luna

La Luna, igual que el Sol y otros astros,
determina ciertas características
de las personas.

La luna representa la energía femenina,
el hogar, la introspección y las relaciones.
Y, sobre todo, nuestras emociones
y sentimientos.

La luna y
los signos
del zodiaco

ARIES
IMPULSIVIDAD · REBELDÍA · PASIÓN

TAURO
SENSIBILIDAD · LEALTAD

GÉMINIS
ADAPTACIÓN · CAPACIDADES COMUNICATIVAS ·
INTELIGENCIA EMOCIONAL

CÁNCER
SENSIBILIDAD · EMPATÍA · INTROVERSIÓN

LEO
SEGURIDAD · GENEROSIDAD

VIRGO
PRODUCTIVIDAD · PERFECCIONISMO · PACIENCIA

LIBRA
ARMONÍA · ORDEN RACIONAL

ESCORPIÓN
EMOTIVIDAD · SEGURIDAD · INTUICIÓN

SAGITARIO
OPTIMISMO · ALEGRÍA · BONDAD

CAPRICORNIO
REFLEXIÓN · ÉXITO · CONTROL · SERIEDAD

ACUARIO
RACIONALIDAD · INDEPENDENCIA · LIBERTAD

PISCIS
CREATIVIDAD · IMAGINACIÓN ·
SENSIBILIDAD · INTUICIÓN

Busca lo que
encienda tu alma

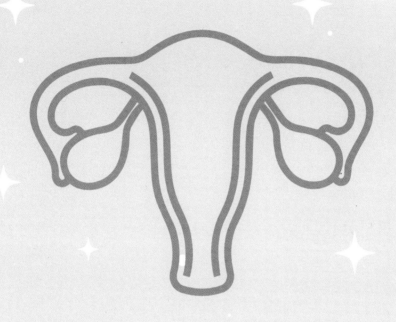

Ciclo lunar
ciclo menstrual

Nuestro cuerpo funciona de tal forma que personalmente lo considero magia pura. Del mismo modo, admiro su naturaleza, su forma de ser, de pertenecer y crear. Nuestro cuerpo o, mejor dicho, nuestro templo es todo un universo. Como mujeres, transitamos por diferentes fases, procesos y transformaciones; tenemos la capacidad de crear, ser y sentir. Y, aunque no seamos conscientes de ello, vivimos en una maravillosa sincronía con todo aquello que nos rodea.

Es muy posible que, antiguamente, la relación ancestral entre la menstruación y el ciclo lunar fuera melódica y estuviera en sincronía. Hoy en día, en cambio, influye en nosotras la luz artificial, la alimentación e incluso la tecnología. Sin embargo, eso no quiere decir que no haya conexión; al contrario, el mundo cambia y nosotras con él. Puede que la unión de la luna con la mujer se haya transformado, pero sigue ahí.

Nuestras hormonas de por sí son un sube y baja: cuando estamos a punto de tener la menstruación, notamos que nos volvemos más introvertidas, quizá más solitarias, o que estamos más ensimismadas. O puede que, cuando estamos en el ciclo preovulatorio, sintamos una gran energía y unas ganas increíbles de hacer actividades. ¿Te suena? Exacto.

Al igual que la luna, nuestro ciclo menstrual pasa por cuatro fases: preovula-toria, ovulatoria, premenstrual y menstrual. Sus características coinciden con las cuatro fases principales de la lunación: luna nueva, luna creciente, luna llena y luna menguante. Por increíble que resulte, el ciclo menstrual tiene aproximadamente la misma duración que la lunación. No debemos olvidar que la luna es representante de la energía femenina.

Somos mujeres cíclicas, mujeres que menstruamos y ovulamos en todas las fases de la luna; muchas veces no hay fechas ni tiempos fijos, pero eso no quiere decir que nos pase algo malo, sino que solo demuestra una vez más que somos diferentes.

Siempre es recomendable dirigirse a una profesional del área o a una terapeuta menstrual para verificar que nuestro estado de salud es bueno.

Entonces, ¿cómo conectamos? ¿Cómo aprovechamos la magia lunar?

Cada fase del ciclo menstrual está representada por una fase lunar, un tipo de energía, una estación del año y un arquetipo femenino. Todo ello nos ayuda a conocernos y a habitarnos de forma consciente.

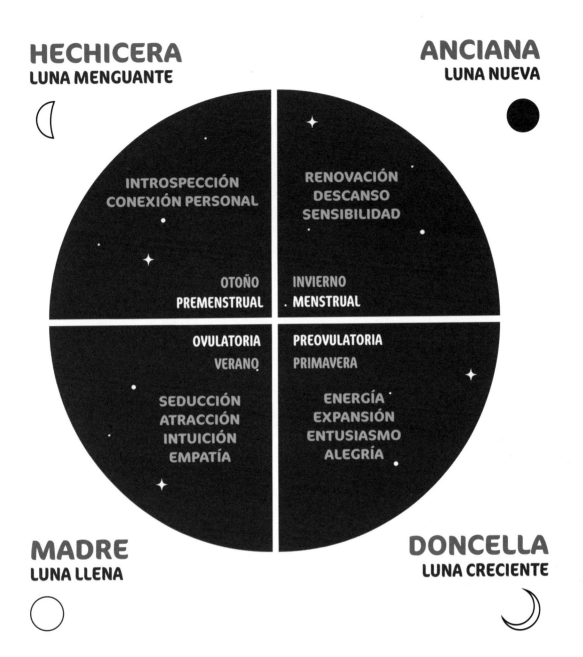

HECHICERA
LUNA MENGUANTE

ANCIANA
LUNA NUEVA

INTROSPECCIÓN
CONEXIÓN PERSONAL

RENOVACIÓN
DESCANSO
SENSIBILIDAD

OTOÑO
PREMENSTRUAL

INVIERNO
MENSTRUAL

OVULATORIA
VERANO

PREOVULATORIA
PRIMAVERA

SEDUCCIÓN
ATRACCIÓN
INTUICIÓN
EMPATÍA

ENERGÍA
EXPANSIÓN
ENTUSIASMO
ALEGRÍA

MADRE
LUNA LLENA

DONCELLA
LUNA CRECIENTE

Este libro te invita a utilizar toda la magia lunar desde un enfoque práctico y amoroso. Utilizaremos el calendario menstrual para llevar un registro; el calendario lunar, para identificar fases, y, a través de la escritura, llevaremos un cuaderno de bitácora que nos permitirá tener pleno conocimiento de nuestro ciclo menstrual para saber cómo ayudarnos.

CALENDARIO MENSTRUAL

	ENERO	FEBRERO	MARZO	ABRIL	MAYO	JUNIO
1	○	○	○	○	○	○
2	○	○	○	○	○	○
3	○	○	○	○	○	○
4	○	○	○	○	○	○
5	○	○	○	○	○	○
6	○	○	○	○	○	○
7	○	○	○	○	○	○
8	○	○	○	○	○	○
9	○	○	○	○	○	○
10	○	○	○	○	○	○
11	○	○	○	○	○	○
12	○	○	○	○	○	○
13	○	○	○	○	○	○
14	○	○	○	○	○	○
15	○	○	○	○	○	○
16	○	○	○	○	○	○
17	○	○	○	○	○	○
18	○	○	○	○	○	○
19	○	○	○	○	○	○
20	○	○	○	○	○	○
21	○	○	○	○	○	○
22	○	○	○	○	○	○
23	○	○	○	○	○	○
24	○	○	○	○	○	○
25	○	○	○	○	○	○
26	○	○	○	○	○	○
27	○	○	○	○	○	○
28	○	○	○	○	○	○
29	○	○	○	○	○	○
30	○	○	○	○	○	○
31	○	○	○	○	○	○

JULIO

AGOSTO

SEPTIEMBRE

OCTUBRE

NOVIEMBRE

DICIEMBRE

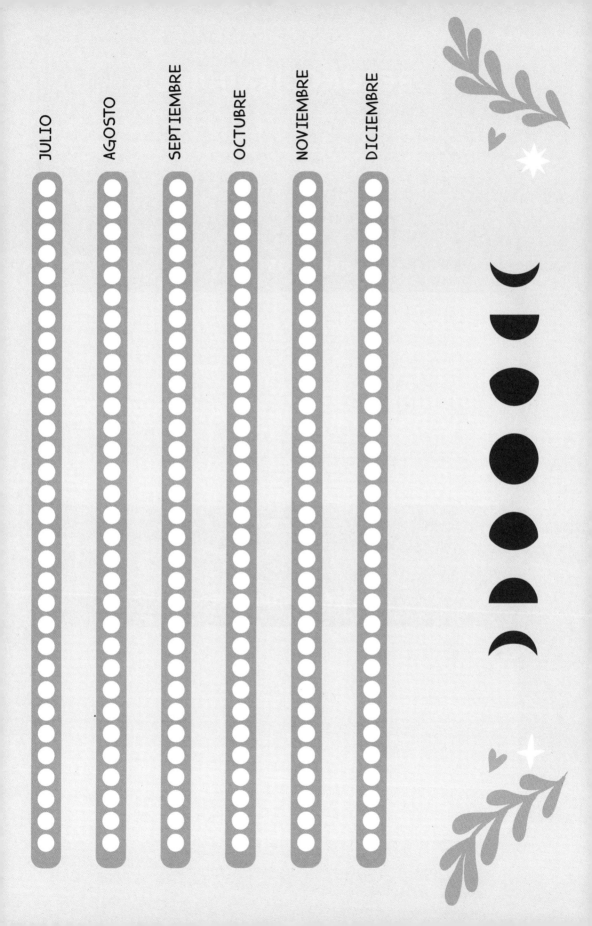

RECONOCIÉNDOME

Este diario está pensado para ser un todo. Cada capítulo te ayudará a resolver actividades. Puedes revisar tu calendario lunar junto a tu calendario menstrual y ver en qué fase de la luna se encuentra cada ciclo. Así sabrás qué potenciar, decretar y complementar.

PREMENSTRUAL

....
....
....
....
....
....
....

MENSTRUACIÓN

....
....
....
....
....
....
....

PREOVULACIÓN

....
....
....
....
....
....
....
....

OVULACIÓN

....
....
....
....
....
....
....
....

Libérate;
eres
única

MATERNANDO
CON LA LUNA

Me gustaría hacer una mención especial a **Camila Jorquera**
(**@mamiiholistica**), por lo mucho que me ha ayudado en este capítulo.

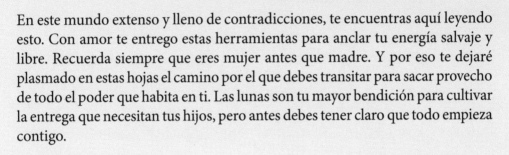

**Hoy honro a tus lunas para que
sean tus testigos y guías en este proceso
de metamorfosis llamado maternidad.**
Mami Holística

En este mundo extenso y lleno de contradicciones, te encuentras aquí leyendo esto. Con amor te entrego estas herramientas para anclar tu energía salvaje y libre. Recuerda siempre que eres mujer antes que madre. Y por eso te dejaré plasmado en estas hojas el camino por el que debes transitar para sacar provecho de todo el poder que habita en ti. Las lunas son tu mayor bendición para cultivar la entrega que necesitan tus hijos, pero antes debes tener claro que todo empieza contigo.

Comencemos desde el principio. ¿Qué es maternar? ¿Lo habías escuchado? ¿Lo practicas? ¿Te es familiar?

Me encantaría saber qué piensas. Sería genial que lo escribieras; cuando trasladamos las cosas al papel, todo va fluyendo de la mejor manera.

....
....
....
....
....
....
....
....
....
....
....
....

La RAE no recoge el verbo «maternar», pero sí el adjetivo «materno/a», que significa «perteneciente o relativo a la madre» o «dicho de un pariente: por parte de la madre».

La verdad es que esta definición no me convence para nada. ¿Cómo definimos entonces «maternar»? ¿Y si le damos un significado que exprese lo que realmente es el amor y el autocuidado?

> **Maternar:** Proveer un vínculo afectivo, emocional y de autoconocimiento, para así ofrecer y ofrecernos compañía, nutrición, protección, atención y amor por nosotras mismas y por nuestros bebés.

Ritual para consagrar tu vida. Repítelo tres veces antes de continuar:

Madre origen

Abuelas, tías y hermanas:

Gracias por ayudarme a darme cuenta
de todo lo que he estado repitiendo.

Hoy estoy más lúcida y abierta
a las posibilidades de la vida.

Ha llegado el momento de dejaros atrás;
hoy comienza mi camino.

Me libero de malas prácticas y apegos ajenos.

Hoy reconozco mi poder y me honro junto a mis lunas
en el proceso de maternarme.

HECHO ESTÁ (Mami Holística)

El foco principal es la forma en que la luna influye internamente en el proceso de crear, fecundar y gestar una maternidad consciente con la compañía guardiana de las lunas. Como mujeres y madres vivimos fases lunares que podemos hacer propias para criar bebés o llevar a cabo grandes proyectos. Tenemos el poder en nosotras mismas y esto se nos ha ocultado durante años, pero hoy nuevamente sale a la luz: este despertar es solo el inicio de cosas maravillosas en expansión.

Conocernos es el eje fundamental de todo proceso vivido. Sin este autoconocimiento, no nos podemos maternar, ni a nosotras ni a nuestros hijos. Estaríamos perdidas, y nuestra energía quedaría abandonada, sin el brillo y la expansión que tenemos de forma natural.

Te cuento un poquito de mí para que entiendas cómo empecé a transitar libremente por el maravilloso camino de maternar en compañía de las lunas. Pasé por momentos realmente oscuros en mi vida, heridas de la infancia que siguieron presentes durante toda mi vida. Perdí a mi hija Sofía cuando solo tenía once meses; después llegó una nueva gestación que, a pesar de no estar planificada, fue muy bienvenida y se convirtió en el mayor desafío. Y lo sigue siendo incluso ahora, cuando ya han pasado casi tres años desde el nacimiento de Máximo. Si no fuera por su existencia, quizá jamás habría tomado conciencia de lo perdida y desconectada de mí misma que estaba. No sabía cómo continuar en esta vida terrenal, hasta que encontré las herramientas clave en una profunda introspección. Hoy voy a compartir esas herramientas contigo.

Como mujeres y madres es muy importante, sobre todo para poder reconectarnos con nuestro poder, que seamos conscientes de que muchas veces no podemos con todo. Eso es una creencia patriarcal. En mi caso, la psicoterapia fue una de las claves fundamentales para el proceso de maternar a la niña que fui y a la adulta que soy hoy y, al mismo tiempo, abrir los ojos ante la codependencia del otro. Es bonito que te mimen y te demuestran su amor, pero para poder realmente empoderarnos debemos ser conscientes de que la codependencia emocional es un arma tóxica que perjudica todo lo que conlleva el autocuidado y el amor propio hacia nosotras mismas.

¿Cómo llevamos esto a cada fase lunar y, después, a la práctica?

Para que comience la creación es necesario poner el foco en todas tus partes como mujer. No somos solo un cuerpo, somos mucho más que eso: somos seres integrales. Ir hacia dentro es ir realmente hacia la introspección, en donde la luna nueva se hace presente con el arquetipo de la bruja o mujer sabia. Es un momento maravilloso para realizar prácticas meditativas. Cuando, como mujeres, tomamos el control de nuestro poder y decidimos fecundar la energía luminosa y radiante de nuestra vida, emerge ante nosotras la luna creciente y, con ella, la inspiración para nuevos proyectos de vida relacionados con el amor interior de nuestra niña o doncella. Del mismo modo, al elevar nuestra conciencia nos sumergimos en la luna llena, con ella llega la abundancia de nuestro corazón, con ella gestamos en el alma nuestro amor propio y encarnamos a esa madre amorosa que tanto necesitamos para poder avanzar en nuestro camino.

Criar y realizar proyectos está muy relacionado con el arquetipo de la mujer medicina o hechicera, ya que es un espacio de tiempo en el cual la luna menguante se hace presente para abarcar periodos grandes de cambios intensos y descargas de energías que están estrechamente relacionadas con la importancia de estar en contacto directo contigo misma. Para ello, necesitamos estar en sintonía con nuestras lunas y así maternarnos y elevarnos. Créeme, si utilizas estas herramientas, tu vida como mujer y madre dará un giro de 180° y todo a tu alrededor se alineará y estará en equilibrio. Tanto tú como tus hijos, tus amigas y tu pareja notaréis la diferencia.

ACTIVIDADES

Todo lo que hemos ido viendo en este capítulo es clave para que puedas comenzar desde hoy el proceso de transformación y maternarte de forma consciente, acompañada de tus lunas, con ejercicios fáciles de realizar en tu vida cotidiana.

- Ahora, enfócate en tu momento presente. Necesito que te expreses. Tienes esta hoja vacía para ti, puedes escribir una carta de despedida por todas esas veces que te culpaste al no saber maternarte o maternar. Puedes dibujar libremente o hacer tu álbum terapéutico y liberador de emociones atrapadas. Sé tú la protagonista en estos momentos. (Mucho mejor si estás cerca de tu altar).

....
....
....
....
....
....
....
....

- Resérvate un día para descansar. Si tienes hijos, coordínate con tu red de apoyo para que los cuiden y describe tu día de descanso perfecto según tus posibilidades actuales.

- Al comenzar cada fase, haz una lista de actividades relacionadas con el potencial que tiene cada luna. En este capítulo y los otros tienes información muy completa de las cosas que podrías escribir en esa lista.

Ten en cuenta que, si no llevas un control de tus ciclos, nada de esto funcionará. Todo en la vida tiene un proceso. El primer paso es conectar contigo misma y con tu menstruación. Una vez que seas consciente de tus fases, vuelve a este apartado y pon en marcha todo lo expuesto aquí. Te propongo que, de manera consciente, vayas identificándote, para así lograr la tan deseada reconciliación con tu poder, autoconocimiento, autocuidado y amor propio.

Todo fluye
cuando sueltas

Finalizar
para comenzar

Ya hemos pasado por todo el ciclo lunar, es momento de que puedas crear tu propio diario y llevar una vida en armonía y equilibrio conectando con toda la magia lunar. Es la hora de escribir tus reflexiones y comenzar un nuevo ciclo.

Gracias, gracias, gracias.

Sé la energía
que quieres
atraer

Beneficios
de la planificación lunar

Planificar el día a día nos permite ser más productivas, organizadas y llevar un cuaderno de bitácora de los momentos importantes.

A diferencia de una agenda, donde el objetivo principal es la planificación, el Bullet Journal es una herramienta de organización, planificación, autoconocimiento y desahogo que nutre nuestra vida: abarca nuestros pensamientos íntimos de una forma libre, ya sea escribiendo, dibujando o como a ti te apetezca hacerlo.

Centrarnos en una planificación lunar nos permite acercarnos a la luna, vivir de forma armoniosa y en sincronía con todo aquello que pueda aportar cosas positivas a nuestra vida, que nos permita conocernos, evolucionar y crecer de forma consciente, pero también reflexionar y aprender —con la guía de la luna— en todos los ámbitos de nuestra vida.

Creatividad

Sincronía

Autoconocimiento

Exploración

Cómo hacer
tu propio diario lunar

Lo principal para crear tu propio diario lunar es tener un calendario que guíe tus días. Este libro te ofrece algunos conocimientos generales, pero siempre hay cosas nuevas que aprender, por ejemplo, en temas de salud, cosmética, emociones, hábitos, etc. En realidad, depende del enfoque que quieras darle. Te dejaré algunos consejos para que puedas crear tu propio diario lunar y conectar en todos los ámbitos de tu vida.

- Sincroniza tu vida con cada fase.

- Adquiere o elimina hábitos.

- Planifícate y prepárate para cada lunación.

- Haz infografías ilustradas de cada fase y estúdialas.

- Identifica todas tus emociones, apóyate con gráficos para que la tarea sea interactiva.

- Ponte objetivos o metas con la guía de la luna.

Decretar
a través de la escritura

Te recomiendo tener un libro de decretos o dejar un apartado en tu Bullet Journal para crearlos. Es importante encontrar un espacio ordenado y en calma en el que tu mente se pueda concentrar y definir con claridad todo aquello que quieres manifestar.

IMPORTANTE

- Tener un espacio de decretos en tu Bullet Journal te permite poder revisarlo y seguir manifestándote a diario.

- Hablar siempre en presente y de forma positiva: no olvides que somos cocreadoras de nuestra realidad y debemos hablar desde la convicción de que algo se está cumpliendo, y que, por tanto, forma ya parte de nuestra vida.

- Siempre es recomendable identificar nuestras intenciones más anheladas en el momento de decretar. Vamos paso a paso, a medida que se van cumpliendo, seguimos.